A Flutist and a Poetess

A Flutist and a Poetess

Poems in English and French

NATHALIE E. GAILLOT

Foreword by Nicole Cassèse

RESOURCE *Publications* • Eugene, Oregon

A FLUTIST AND A POETESS
Poems in English and French

Copyright © 2025 Nathalie E. Gaillot. All rights reserved. Except for brief quotations in critical publications or reviews, no part of this book may be reproduced in any manner without prior written permission from the publisher. Write: Permissions, Wipf and Stock Publishers, 199 W. 8th Ave., Suite 3, Eugene, OR 97401.

Resource Publications
An Imprint of Wipf and Stock Publishers
199 W. 8th Ave., Suite 3
Eugene, OR 97401

www.wipfandstock.com

PAPERBACK ISBN: 979-8-3852-4419-5
HARDCOVER ISBN: 979-8-3852-4420-1
EBOOK ISBN: 979-8-3852-4421-8
VERSION NUMBER 06/19/25

Copyeditor (English Language): Jennifer J. Anderson

Copyeditor (French Language): Nicole Cassèse

Illustrator: Nathalie E. Gaillot

Contents

Foreword by Nicole Cassèse | ix
Introduction | xi

Prologue

Le Prince et le mendiant | 4
    The Prince and the Pauper | 5

Act 1: Once Upon a Fairy Tale

Heureux commencement | 8
    Happy Beginnings | 10
C'est ainsi | 12
    And So It Is | 13
L'amour est un concerto | 14
    Love Is a Concerto | 16
Ma musique | 18
    Music | 19
Rondeau | 20
    Rondeau | 21
Misérable horloge ! | 22
    The Wretched Clock | 24
Le joueur de flûte | 26
    The Flute Player | 28
Me mirer dans tes yeux | 30
    To see myself in your eyes | 31

Faire l'amour avec toi | 32
   Love With You | 33
Si nous étions enfants | 34
   If We Were Children | 35
Heureuse | 36
   I Am glad | 38
Si tu ne m'aimais pas | 40
   If I Didn't Have Your Love | 41

Act 2: The Weight of the Sword

Les badineries de Musset | 44
   Musset's Badineries | 46
Le rêve d'Icare | 48
   Burned | 49
Mon rayon de soleil | 50
   My Sunshine | 52
Je t'ai aimé | 54
   I Loved You | 55
Tragédie de l'amour | 56
   Love's Tragedy | 57
Quand les cieux sombrent | 58
   When the Skies Succumb | 59
Mes yeux tristes | 60
   The Sadness in My Eyes | 62
Прогулка по Елисейским Полям | 64
   Stroll on the Champs-Élysées | 65
Saule pleureur | 66
   Weeping Willow | 68
Lamentations | 70
   Lament | 71
Les poissons | 72
   The Fish | 73
L'arme sur la tempe | 74
   At Gunpoint | 75

Act 3: Unconditional Love

Le dénouement | 78
   Denouement | 80
Ma prière | 82
   My Prayer | 83
Que m'importe ? | 84
   What Do I Care? | 86
En voyage | 88
   Traveling | 89
Quand je te revois | 90
   When I See Your Face Again | 92
Profession d'amour | 94
   A Confession of Love | 96
Mon rêve | 98
   I Have Dreams | 100
Inachevé | 102
   Unfinished | 104
Ce qu'il nous reste | 106
   What We Are Left With | 108
Toi et moi | 110
   You and Me | 112
L'amour inconditionnel | 114
   Unconditional Love | 116
Un jour, peut-être | 118
   Someday, Perhaps | 119

Epilogue

L'amour est un conte de fées | 122
   Love Is a Fairy Tale | 124

Bibliography | 127

Foreword

The beauty of the intense fusion between two souls. Between soaring lyricism and melancholy, this poetic dance reminds me of love's fragile splendor, with all its nuances and contradictions. I invite you to let yourself be carried away by these poems, to feel every breath, every heartbeat, and to discover, page after page, both the radiance and the ache of love.

May this poetic journey resonate within you and inspire you as deeply as it moved me.

—Nicole Cassèse, fine artist, painter

Introduction

"Не красота вызывает любовь, а любовь заставляет нас видеть красоту."

("It is not beauty that endears, it is love that makes us see beauty.")

—Leo Tolstoy (*War and Peace*)

"Le plus heureux des hommes serait celui qui [. . .] aurait le temps de vivre par le cœur et par le cerveau, de comprendre son œuvre et d'aimer celle de Dieu."

("The happiest of men would be he who [. . .] having his heart in unison with his brain, should at once understand his own work and love that of God.")

—George Sand (*The Devil's Pool*)

When our years have passed and the soul awaits in quiet lonesomeness, in the lull of the sea, after the wave has rolled over, our eyes will squint to turn the glitter of its drool into a bed of stars. We will have poetry—to remember that we lived, that we felt, that we ached. To remember that we loved.

To remember that there is beauty and sadness in a world under the sun, that the day rises and the night falls, that we do not take but give, and that what we lose we retain in the depth of our soul.

A Flutist and a Poetess tells a love story stretching across time and literature, across lands as near as here and as far as the imagination. Mixing contemporary and medieval imagery, these poems capture the magic of a fairy tale encounter between a French poetess and a Russian flutist, through the eyes of the poetess. They describe love, art, writing, music, and humanity as blissful gifts of God the creator of life and the source of love.

Set as a theatrical play in three acts narrated by Fate and Misfortune, these poems explore the gift of falling in love, how to survive when it is taken away, and how the experience of profound affection forever transforms the soul, no matter how the story ends.

Prologue

LE PRINCE ET LE MENDIANT

—Traduit de l'anglais

Il était un mendiant du temps qui avait combattu maints dangers et dragons
Donné de sa fortune à de fausses égéries qui lui prirent sa chanson
Il avait échangé contre fardeaux pesants ses gloires et ses désirs dissipés par le vent

Il était un vaillant et doux mendiant du temps qui s'accrochait aux pailles pour arrêter le temps
Elles lui offraient chimères dans une once de joie et deux ou trois gouttes d'huile pour assouvir son âme
Il rebâtit la paix sur la pierre infaillible que devenait la paille pour léguer belle vie à ceux de son pays

Il était un mendiant fatigué par le temps qui rêvait de sourire à la tendre caresse
De celle qui lui serait fidèle et le transformerait en prince
Mais les rêves sont trop beaux pour être vrais, aussi peut-être que les rêves ne valent rien

Et puis, tu m'as rencontrée.

THE PRINCE AND THE PAUPER

There was a valiant pauper prince who battled dangers and dragons
He'd given much of his fortune to fair maidens who stole his songs
He traded riches and glories to harvest longings and burdens

There was a gentle time-pauper who grasped at straws to slow the scroll of time
They bought him some seconds of rest and healing balm to soothe his soul
As he built peace upon the rock to save his kin from great peril

There was a weary time-pauper who dreamed of a tender caress
From the one who would be faithful and turn him back into a prince
But dreams are too good to be true; therefore, perhaps dreams are worthless

And then, you met me.

ACT 1

Once Upon a Fairy Tale

HEUREUX COMMENCEMENT

—Traduit de l'anglais

Scène : New York, aujourd'hui. À la tombée de la nuit, dans une avenue peu éclairée.

Personnages :
Un FLÛTISTE russe sans équivalent
Une POÉTESSE française unique à ses yeux
Le DESTIN

Le DESTIN
À la sortie d'un restaurant, deux personnages marchent côte à côte dans une avenue à l'aube de la nuit. Cela pourrait être la mise en scène, mais il semble que ce soit la scène principale, et peut-être un nouveau départ car ils s'attardent allant dans un sens puis un autre, comme si tout ce qui comptait était de rester ensemble dans ce moment et que ce moment-là pourrait durer toute une éternité, si je l'ai agencé.

Lui, il l'accompagne jusqu'à sa voiture et ils se disent au revoir.

Il rentre chez lui bercé par le doux grondement du moteur de son véhicule l'éloignant lentement de la magie d'un moment présent maintenant passé—peut-être était-ce même un rêve.

Alors qu'il enlève son manteau, il reconnaît l'odeur de Chanel Gabrielle sur sa main, cette main qui aurait pu frôler ses cheveux quand il l'avait serrée dans ses bras pour lui souhaiter bonne nuit ; cette main qui aurait pu la saisir et la rapprocher contre lui alors qu'elle se trouvait à ses côtés, qui aurait pu lui caresser la joue s'il avait exprimé le besoin de la protéger.

S'endormant, les souvenirs s'estompent, des désirs formulés par l'espoir d'une romance dans une avenue tranquille à la tombée de la nuit. La nuit viendra et demain dira si
Une nouvelle chanson sera composée
Avec des notes qu'il convient d'arranger.

Elle, elle rentre chez elle pensive et se demande si les merveilles de ce flûtiste russe feront battre son cœur et pousseront ses doigts à écrire une nouvelle histoire ; trouvera-t-elle la réponse à la question qui lui pèse depuis que les rencontres semblent vaine habitude : Est-elle trop difficile ? Ou est-elle simplement
Une femme extraordinaire, à la recherche
D'un homme extraordinaire ?

HAPPY BEGINNINGS

Setting: New York, today. A dim avenue at nightfall.

Characters:
A radically distinctive Russian FLUTIST
A French POETESS, unique in his eyes
FATE

FATE
Dusk. Two characters exit a restaurant and begin walking side by side along an avenue. This should be the staging, but it seems it is the main scene, and perhaps a new beginning, for they linger heading one way then another as if all that matters is to stay in this moment together, as if this moment could last forever—if I am the one who set the stage.

He walks her to her car, and they part ways.
He drives back home cradled by the quiet rumble of the engine slowly pulling him away from the magic of a present moment now in the past—perhaps it was even a dream.
He arrives home. As he takes off his coat the scent of Chanel Gabrielle lingers on his hand, the hand that could have touched her hair when he gave her a hug good night, or the hand that could have grabbed her arm and pulled her close as she walked by his side, that could have stroked her cheek had he expressed an urge to protect her.

Faint memories of desires formed by the hope of romance in a quiet avenue at nightfall carry him to sleep as the night shall come and tomorrow will tell if
A new song is being composed
With notes yet to be arranged.

She arrives home, lays down her head and ponders if the wonders of this Russian flutist will make her heart pound faster and cause her fingers to write a new story. Will she find the answer to the question weighing on her as the dating game seemed of no avail: Is she too picky?
Or is she simply
An extraordinary woman, looking for a likewise
Extraordinary man?

C'EST AINSI

C'est ainsi mon ami, que nos chemins se croisent,
Déjà tracés, sûrement, par un heureux dessein.
Un sculpteur aux doigts d'or eut à cœur de prévoir ce destin.

C'est ainsi mon ami, que le sentier découvre une clairière magique
Où les ans se rattrapent et nous livrent à revivre nos rêveries d'enfants.
L'amitié rebâtit la lecture de nos vies,
Tu deviens mon Pégase et je deviens ta muse.

C'est ainsi mon amour, que tel un cerf effarouche une biche,
Tu cours à la poursuite d'un premier baiser
et la course s'achève.

C'est ainsi mon amant, que nos corps s'entrelacent
et je deviens ta nymphe.
Et tu découvres en moi tout ce que tu cherchais.

C'est ainsi que tu m'aimes.

AND SO IT IS

—Translated from French

This is how, my friend, our paths cross,
already traced, surely, by celestial design.
A sculptor with golden fingers was keen to foresee this destiny.

This is how, my sweet, the trail uncovers a magical clearing
where time is recaptured, and we relive our childhood dreams.
Friendship rewrites the story of our lives,
and you become my muse.

This is how, my love, as a stag after doe,
you run in pursuit of a first kiss
and the chase is over.

This is how, darling, our bodies intertwine
and I become your nymph.
And you find in me all you were looking for.

And so it is, that you love me.

L'AMOUR EST UN CONCERTO

Imaginez
le ciel faire tomber ses gouttes de café sur le
pavé de la rue Carnot, là où des grilles
se dessinent par dessus les perles derrière
la vitrine d'une bijouterie déjà trop
embuée, à force d'être reluquée, la pluie
en fait couler le graphite

S'envoler, sous une bourrasque
qui soulève les jupes de Cherbourg
et ses parapluies

Chercher le soleil...!
Allegro. Fin du premier mouvement.

Second mouvement. Adagio.
On m'en a offert des colliers de perle et
pour autant que je sache, la nacre
se brise comme de l'ardoise
avec de simples mots
ou des coups de contrebasse

On fait toujours ailleurs l'élégie
du bonheur, d'ailleurs
il ne dure pas. Et la pluie revient,
le piano du chagrin, du
Mozart, ou du Chopin.

Ça vaut pas la peine
d'en faire tout un cinéma ;

À force d'avoir la tête dans
les nuages, on se retrouve
dans le brouillard.

Troisième mouvement. Imaginez
enfin, être envoûtée
par la flûte enchanteresse.

LOVE IS A CONCERTO

—Translated from French

Imagine,
The sky dripping coffee droplets on
the pavement of Carnot Street; heavy bars
sketched over the pearls in the windows of
a jewelry store—fogged up, from excessive
ogling—and the rain
making the graphite bleed

That I might fly away, with the gust of wind
that lifts the skirts of Cherbourg
and its umbrellas too

Look for the sun . . .!
Allegro. End of the first movement.

Second movement. *Adagio*.
I have been offered necklaces of pearl and
as far as I can tell, mother-of-pearl
can shatter like slate
with simple words
or with the blare of brass

It is always elsewhere that is written
the elegy of happiness, and besides,
it doesn't last. Then comes back
the rain, the sorrow

of the piano, Mozart or Chopin.
No need to create a drama.

When your head is in the clouds
for too long, you find
yourself lost in the fog.

Third movement. Imagine at last
being embraced, by the
enchanting flute.

MA MUSIQUE

—Traduit de l'anglais

Un son derrière la porte close arrondit l'air comme on souffle le verre,
Une bulle rembourrée de coton rebondit tendrement de mur en mur.
En une seconde ou deux temps, le temps, lui, se renferme entre les pages d'une partition de musique.

Un sifflement résonne et soudain la cloison, coite d'admiration, chante et répond au métronome ; ses louanges colorent la musique de laiton, de cuivre et d'or.
Voilà que tu joues de la flûte, pour moi.

L'ultime finalité du plus fragile des moules : l'air
devient son, puis le son se transforme en esquisse invisible :
la présence d'anges.
Fermez les yeux, entendez-les.

Dans cet espace clos, les vibrations s'amplifient
Pour grimper à la gamme du maître flûtiste,
Pour toucher comme en rêve l'ombre de la perfection.

Puis, les notes explosent en une symphonie
—leurs sons tels des fléchettes lancées contre les murs frappent soudain le cœur
de la pureté.
Et la musique s'amuit de toute sa beauté.

MUSIC

A sound from behind closed doors whispers into a puff
of air; cotton, cushioned, tenderly bounces from wall
to wall; and for a second, time is held
between the pages of sheet music.

Whistling echoes and the walls suddenly sing
back to the metronome; in awe, worship springs
coloring the music in brass, copper, and gold
as you play the flute for me.

Finality contained in the most fragile mold: air
becomes sound; and sound, invisible, etches
the presence of angels.
Close your eyes and hear them.

In this intimate space, vibrations flow over
then climb the master scale of the flute player,
desiring to touch a shade of perfection.

Notes released burst into a symphony
—like darts, thrown through space, suddenly hitting
the heart
of purity.
And music is muted by its own beauty.

RONDEAU

—Traduit de l'anglais

Allons, mon ami, dans des rues sans fin
Où nos songes soufflent de l'or dans les cieux
Là, le vent s'apaise de nos baisers pieux ;
Le soir voit l'aube, ciel et terre ne font qu'un.
Le jour devient nuit, et la nuit matin.

Prends ma main, vois que l'hiver est prochain
Viens, car le soir tombe, guide nous dans ces lieux
Dans cette vie, marchons, la main dans la main
Allons, mon ami.

Marchant, nous tracerons des cercles impérieux
Joins tendrement par un fil de sable fin
Marchant, il devient fil de lin soyeux.
La rosée enlacera notre chemin
Sous l'orage l'amour, notre doux couffin.
Allons, mon ami.

RONDEAU

Walk with me my friend, where streets have no end
Where the skies turn gold to our mute command
Where we lull the winds with kisses awry.
Evening turns to dawn, and earth into sky
Day changes to night, and night and day blend.

Take my hand and feel the winter is nigh
Come, guide our wander through this dusky land
In each other's lives, we'll step hand in hand
Walk with me, my friend.

We will walk and trace circles without end
Joined delicately by a thread of sand,
As we walk it knots in a silken tie.
The dew will embrace the soil where we stand
And when the skies rend, love will keep us dry.
Walk with me, my friend.

MISÉRABLE HORLOGE !

—*Traduit de l'anglais*

La misérable horloge qui chaque nuit nous sépare, rejetant
les battements des cœurs nouvellement amoureux,
Alors que nous échangeons douces paroles et baisers.
Elle balaie sans pitié notre tendre étreinte,
Nous arrache de nos bras l'un de l'autre pour nous jeter dans ceux de Morphée,
—comme le temps nous trahit !
Les bras de l'horloge rompent notre intimité, quelle est cette honte ?
Misérable armoirie revêtant le manteau du temps
Elle nous poignarde le cœur sur le coup de minuit !
Assommés, nous sombrons et tombons
de nouveau, dans
le tic-tac-toc du jour et de la vie
qui dissout le fantasme d'un amour infini
dans le rythme du quotidien.

La vile horloge qui tourne et tourne si vite
qu'elle transforme tout et tout se finit
dans le passé,
même les moments qui passent lentement, comme la douleur et la souffrance.
Avançons rapidement au présent,
Laissons derrière nous le terrible et interminable gâchis du passé.
L'horloge emporte nos temps misérables,
les enferme dans la boîte d'antan, afin que nous puissions guérir ;
Dépasser le passé puis entrer dans l'instant présent,
celui qui nous a réunis.

L'horloge qui conduit
jeunes et anciens amants
aux merveilles du lendemain ...

L'horloge de la vie tourne dans le sens des aiguilles d'une montre
dans la bonne direction,
Celle où nous nous sommes croisés.
Cette horloge veille sur nous et notre avenir, cette horloge
fait défiler les journées et les mois.
Elle tique et elle toque entre les saisons,
les hauts et les bas, les espoirs et les raisons
de vivre.
Elle suit le tic-toc de notre cœur, mon chéri,
qui un jour s'arrêtera
comme celui de l'horloge
Et nous réunira
à Jésus Christ.

THE WRETCHED CLOCK

The wretched clock that tick-tocks us apart every single night
As we exchange sweet words and kisses dismisses
The beats of new lovers' hearts
And heartlessly sweeps our sweet embrace away
Ripping us from each other's arms into Morpheus,
How time betrays us!
The hands of the clock tearing through our space with such vile disgrace
Wretched coat of arms in a cloak of time
How it stabs our heart with the stroke of midnight!
Knocked out, we fall
Back, into
The tic-tac-toc knock of the day, and reality
Dissolving the dream of infinite love into the daily
Doldrums and rhythms of life.

The clock that ticks and tocks so fast
That it turns all things into the past
Eventually.
Even the time that passes slow, like pain and hurt
Fast-forwards to the now,
Past the terrible and interminable waste of the past.
The clock that takes away our wretched times
And locks them in a box of bygones, so that we can heal
So we can walk past our pasts into the moment,
The present that brought us together.
The clock that takes

Young and old lovers into the wonders
Of the morrow...

The clock of life running clockwise in the right direction
Where we ran into each other
A clock to watch over us and over our future, a clock
That ticks through the days and the months
And tocks back into the seasons,
The ups and the downs, the hopes, and the reasons
Of life
Follows the tic-tac of our hearts, my love,
That one day will stop
With the clock
And take us
To Jesus.

LE JOUEUR DE FLÛTE[1]

Comment poser sur la page
les mots pour esquisser une œuvre
comme de la main d'un maître peintre ?

Au commencement était fond et le fond prit forme par la couleur qui donne la vie.
Les ombres, d'abord sombres, mesures de désespoir, tons monochromes
en conflit sur la palette
—reflets de ton âme meurtrie dans ce champ de bataille.
La toile
lutte, assaillie de traits de couteaux.
La chair émet presque un son, de luth, ou de flûte
—on dit que l'huile soigne les coups.

L'œil enfin distingue ce que la main travaille à la perfection : traits, courbes et tons
Des nuances de beauté, couche sur couche
—chacune davantage soignée par la main du maître.
Couche par couche la tendresse éloigne la pénombre.
Puis la lumière fut.
Libéré, l'homme se meut,
Souffle-voix à la flûte traversée de l'émoi de ses doigts angéliques.

Une œuvre s'admire de loin
Sous la lumière du phare qui la met à nu.

1. Meissonier, *Joueur de flûte*.

Née d'art ou de l'esprit, par le souffle de Dieu
Elle inspire chez les hommes, tel Ulysse, un voyage.
Ils cherchent le secret pour se faire approuver
et des hommes, et des cieux.

Mais l'artiste a prévu pour celle qui s'approche un plus précieux trésor ;
Déceler les nuances, les tons et demi-tons de la force de l'homme en sa fragilité.
Chaque détail sculptant jusqu'à la perfection de ton intimité,
Couche après couche.
Voilà que je me trouve, poétesse, à court de mots
Pour te peindre sur la page
Comme sur la toile de Meissonier.

THE FLUTE PLAYER[2]

—*Translated from French*

How do I lay out on the page
Words that will sketch a work of art
Like the hand of a master painter?

In the beginning was the form, and the form took shape with color that gives life
First, shades, shadows of despair, monochromatic tones
clash on the palette
—reflections of your wounded soul caught in the battlefield;
The canvas fights, stricken by the knife.
Flesh whimpers a sound, the lute, or the flute
—it is well known that oil heals wounds.

Now the eye makes out what hands work to perfect: shades, curves, and depth,
Nuances of beauty, layer upon layer
—each applied with care by the master's stroke.
Layer by layer tenderness removing darkness;
Then comes the light.
Set free, man moves,
Breathing voice into the flute, with the angelic grace of his fingers.

A work of art is best admired from afar
Under the light that lays it bare.
Born of art or spirit, but by the breath of God
It gives to men a dream, like Ulysses a voyage.

    2. Meissonier, *Joueur de flûte*.

They search for the secret to be favored
Of men and God.

Yet, the artist planned more precious treasure for the one who will get closer
And discern the nuances, the tones, and half-tones of the strength of man
in his most fragile state.
Each detail intimately chiseling your character
Layer upon layer.
And I find myself, poetess, short of words
To paint you on the page
As on Meissonier's canvas.

ME MIRER DANS TES YEUX

—Traduit de l'anglais

Il existe, c'est écrit, dans un château d'or et de fables oubliées, dans les pages d'anciens conteurs
Le plus long des couloirs, si long que les yeux ne peuvent y voir à travers.
Filé de poussières tissées dans des toiles d'araignées, de contes de fées couverts de traces de doigts effacées,
Le long de ses murs rugueux, où seules les mains peuvent guider les yeux que l'obscurité aveugle,
Se cache la pointe d'une aiguille, une mauvaise plume noyée d'encre et de sang
Où une jeune fille, maintes et maintes fois, y trébucha et s'y piqua le doigt.

Il existe, c'est certain, si la volonté est la voie, et le chemin est lu à celui qui y croit
Au bout du couloir, derrière un mur flouté par la brume des nuages de poussière, un miroir magique.
Et à celle qui pourra y voir à travers, le miroir lui dira
qui est la plus belle parmi toutes,
Si cette personne a des yeux pour percevoir la vérité.

Mais seule la main d'une âme douce pourra servir de soie et essuyer les larmes
Que le miroir a versées au cours des mille années,
Et devenir lumière pour refléter l'éclat de sa vitre argentée, derrière laquelle tes yeux brillants
Me regardent amoureusement.

TO SEE MYSELF IN YOUR EYES

There is, it is written, in a castle of gold and fables, lost on pages of old storytellers,
The longest corridor eyes have searched to see along.
Of dust and wary threads spun into spiderwebs, of fairy tales covered in faded fingerprints
Along its rugged walls, where hands alone may guide the eyes that darkness blinds,
The beveled edge of a needle, a bad nib drowning in ink and blood
—Where a maiden, time after time, stumbled and pricked her finger.

There is, it is certain, if the will is the way, and the story is told to the one who believes,
At the end of the hall behind a blurry wall clouded by mist and fog a magical mirror.
And to the one who can see through it, it will reveal who is the most beautiful one of all,
If such a one has eyes to see truth.

But only the hand of a gentle soul can be cloth to the tears
That the mirror has shed in its thousand years,
And be light to reflect the glare of its silver, where your bright besotted eyes
Stare at me.

FAIRE L'AMOUR AVEC TOI

S'il fut une caresse plus douce que le bout de tes doigts
effleurant lentement le contour de mes mains, s'il fut, pour toi,
Toucher plus délicat que l'arc de mes épaules
se tournant contre toi
pour tanguer avec toi
Sous l'emprise protectrice de ton corps masculin ;
S'il fut un tel émoi, dis-moi, serait-il de ce monde ?

Mes lèvres cherchent ta musique, mon flûtiste au souffle chaud,
sous tes baisers qui sondent la lumière de mon âme.
Et dans l'âtre de nos ébats, la sueur
ruisselle telle une eau-de-vie sur nos corps transparents.

Sous les tourbillonnements de nos ombres tremblantes, chante
le léger staccato des battements de mon cœur.
Ta main, mon trésor, resserre la mienne,
tel un coquillage, une perle dans sa nacre.

Ta musique, ma joie, mon allégresse, s'accorde au diapason
de mon pouls
et trace sur ma peau une portée légère. Des notes déferlent
sur la plage de mon corps, pour composer des sons.
Une mélodie d'amour
qui nous laisse, naufragés, balayés par la vague
doucement reposer, là, sur le sable chaud.

LOVE WITH YOU

—Translated from French

Is there a caress softer than that of your fingertips
softly skimming the contour of my hand? And to you,
Is there a more delicate feel than the curve of my shoulder
turning toward you,
To sway on this boat with you,
clasped and sheltered under your masculine form?
If there was such a touch, tell me, would it be of this world?

My lips seek your music, my flutist, whose breath is warm,
in your kisses that probe the light of my soul.
Amidst our tenderness, sweat storms
like an *eau-de-vie* over our transparent bodies.

Under the tremors of our shadows sing
the soft staccato strokes of my heartbeat.
My hand, clasped like a pearl
in the shell of your hand.

Your music, my sweet joy, tunes itself to my pulse,
tracing on my skin a light staff. Notes swirl
to compose sounds on my body, this strand.
A melody of love leaving us shipwrecked,
swept away by the waves,
to lie there, gently, on the warm sand.

SI NOUS ÉTIONS ENFANTS

—Traduit de l'anglais

Si nous étions des enfants,
Je prendrais ta main et nous irions nous cacher
dans les chambres secrètes d'un grand château en Normandie.
Nous ouvririons les portes des contes de Maupassant et leurs pages aussi.
Nous goûterions aux tables de banquet en velours doré pour avaler les fruits de la fantaisie.

Si nous étions à nouveaux des enfants,
Tu me lirais Pouchkine sous la table, à l'abri des cris et des rires des grandes personnes.
Je masquerais l'éclat de mes joues rougissantes et toi, le bruit des battements de ton cœur.
Nous escorterions le jour qui tombe dans une salle magique, là nous composerions des versets.
Je t'écrirais un mot sous la couverture du tome le plus gris de ta bibliothèque rose
Et je t'attendrais, dans l'espoir d'esquiver un doux baiser.

Si nous étions des enfants, tu aurais toute ma confiance.

Si nous étions enfants,
tu serais pour toujours à moi.
Tu ramasserais un chardon, en couperais la tige,
pour l'enrouler autour de mon doigt.

IF WE WERE CHILDREN

If we were children,
I would take your hand and go run and hide
In the secret rooms of a grand château up in Normandy.
We'd open the doors to Maupassant's tales and their pages too.
We would taste the gold and velvet banquets, and eat of the fruit of fantasy.

If we were children still,
You'd read me Pushkin under the table safe from grown-up shouts and laughter.
I'd cover the blush on my cheek, you the thumps of your heart beating faster.
We'd escort the day in a magic room and compose lines of our own,
I would leave a note in the oldest tome of your *bibliothèque rose*
And wait there for you, hoping for a chance to duck a kiss or two.

If we were children, I would blindly trust you.

If we were children again,
You'd be mine forever.
You'd pluck a thistle and cut off its thorns
To wrap it around my finger.

HEUREUSE

—Traduit de l'anglais

Il me plaît que nous nous soyons accordé
de nous rencontrer
dans cet espace intime qu'est l'amour.
La où peu ont tenté de découvrir,
et moins encore de ramasser,
le clair de lune qui se reflète dans des éclats de verre brisé.
À part Neruda et Nabokov.

Nous avons ramassé ces fragments de lumière,
Nous les avons étudiés, puis nous les avons jetés
en haut, dans le firmament. Afin que les anges recollent
les mille morceaux de nos coeurs brisés.
Pour revêtir nos nuits timides
de la couleur de la pureté.

Et dans le sifflement des vents de l'est annonçant la gelure de l'hiver
J'entends la musique de ton rire dans les odes que récitent les étoiles,
Et j'entends presque la voix de Dieu.

Il me plaît que ce don soit à nous,
Qu'il le soit pour la vie !
Et si pour aujourd'hui, mon ami, juste pour aujourd'hui,
Je suis heureuse
que nous l'ayons trouvé.

Car j'ai vécu les craintes qui volent le charme et la douceur
qui alourdissent les cœurs qui se désirent entiers.
Que la tendresse du moment, mon chéri,
soit telle l'aube pour nos âmes blessées.

Que ce soit pour la vie, ou seulement
aujourd'hui,
Il me plaît
que nous puissions nous réfugier
dans le nid que nos bras ont forgé
l'un pour l'autre.

I AM GLAD

I am glad we allowed ourselves
to meet each other
in this intimate space of love,
Where few have truly found at last,
and fewer still have sought to touch
the moonlight shine of broken glass,
But Neruda and Nabokov.

We picked up those fragments of light.
We studied them, then threw them back
up to the firmament, so that angels may patch
the broken pieces of our hearts,
And drape our timid nights
with the color of purity.

Now, when eastern winds whistle the first winter frostbites,
I hear the music of your smile in the odes the stars recite.
I almost hear the voice of God.

I am glad this gift is ours.
Be it so for a lifetime!
Or if for today, my friend
I am glad
that we have found it at last.

For I know the fears that cloud what is lovely,
deafening the beats of hearts yet to be whole.
May this tender hour, my sweet bliss,
be as dawn to our wounded souls.

Whether for a lifetime, or whether
just for today,
I am glad
that we can nest
in each other's arms.

SI TU NE M'AIMAIS PAS

—*Traduit de l'anglais*

Si tu ne m'aimais pas
Je mourrais de froid sur une rive solitaire dans un pays d'hiver, seule et désespérée
Je me désintégrerais comme un flocon de neige qui tournoie au gré des vents balancé sans dessein contre leur fureur
Jusqu'au mois du printemps où le soleil culminant me brûlerait et me fondrait en larme
Sans rien pour me retenir, je tomberais d'un pont dans le Danube—quelle serait ma chute
Si tu ne m'aimais point !

Si tu ne m'aimais pas
Je rejoindrais l'océan et je serais la proie des requins et coraux charnels qui transforment la beauté de la vie en piqûre mortelle.
Je voudrais respirer nageant sans m'arrêter jusqu'à ce que j'arrive à sortir du piège de ce fond rocailleux.
À la première occasion, je sauterais sur un brin d'herbe lisse et grimperais sur les ailes d'un albatross.
Je volerais longtemps au-dessus de la terre pour trouver l'endroit où toi tu es tombé, sans moi
Au plus profond du sol
Pour m'assurer
Que tu ne t'es pas fait mal.

IF I DIDN'T HAVE YOUR LOVE

If I didn't have your love
I would freeze to death on a lonely bank in a winter land alone and forlorn.
I'd disintegrate into a snowflake twirling in the winds and tossed aimlessly against their fury.
Until the month of spring when the sunlight peaking would scorch and melt me into a teardrop.
With nothing to hold I'd drop down a bridge into the Danube—
great would be my fall
If I didn't have your love at all.

If I didn't have your love
I'd join the ocean and fall prey to sharks and carnal corals that turn life's beauty into a deadly sting.
I would gasp for air and swim without stop until I could reach out of the lair of this rock bottom.
At the very first chance I'd jump on a blade of glabrous grass and climb on the wings of an albatross.
I'd fly long and high above and around the entire world to find where you fell without my love
Down and deep into the dirt

And make sure
That you're not hurt.

ACT 2

The Weight of the Sword

LES BADINERIES DE MUSSET

Scène : Paris, 1896. Dans la chambre de la Poétesse.

Personnages :
Le Flûtiste
La Poétesse
Le Chœur
Le Malheur
Le Chagrin

Le Chœur
    Quand l'amour est dans l'air, l'air des badineries[3],
    Tournent tournent les cœurs au son du fa, au son du do,
    Leurs valves virevoltent, toujours, deux à deux.
    Que l'âme est insouciante et allègre est le jeu !

Entre le mauvais sort. Un coup de glaive tombe tel un rideau qui annonce la fin de tous les actes. Le flûtiste fait sa sortie.

Le Malheur
Enfin, le son de la flûte s'alourdit, puis s'évanouit. Voyez ? Vous ne l'entendez plus. L'amour si féérique, semblait-il, se serait transformé en fardeau !

---

3. Bach, *Badineries*.

La poétesse se retrouve seule sur scène, l'âme en deuil des anciennes badineries. Qui reprendra l'air de la flûte ? Pleure, pleure, lecteur, car l'art est fait de larmes et de coups de théâtre.

Mais au théâtre, comme dans la vie, « on ne badine pas avec l'amour »[4]. Car un cœur brisé se reflète dans celui de l'être aimé et le Chagrin frappe à toutes les portes.

---

4. Musset, *On ne badine pas avec l'amour.*

MUSSET'S BADINERIES

—Translated from French

Scene: Paris, 1896. The Poetess's chamber.

Characters:
The Flutist
The Poetess
The Choir
Misfortune
Sorrow

The Choir
> When love is in the air, the air of *badineries*[5]
> Hearts spin and spin to the tune of the F and the C
> Their valves fill and flutter, two-by-two, together
> How carefree the souls staged to play and caper!

Enter Misfortune. A blow of the sword falls like a curtain announcing the end of all the acts. Exit Flutist.

Misfortune
Watch the flute drop in pitch and hear it fade. Love, cloaked in magic, may have masked a burden.

Disconcerted, the Poetess stands solo onstage, mourning the lost badineries.

---

5. Reference to Bach, *Badineries*.

Misfortune

Who will pick up the tune of the flute? Cry, cry, reader, for art is made of tears and of *coups de théâtre*. As in theater, so in life; there is no trifling with love[6]. For a broken heart often mirrors itself in that of the beloved. And Sorrow knocks on all doors.

---

6. Reference to Musset, *On ne badine pas avec l'amour* (*No Trifling with Love*).

LE RÊVE D'ICARE

—Traduit de l'anglais

Icare s'approcha du soleil et voulut le toucher,
Sa main attisant le chaudron.
Puis, tel un Dieu châtie son fils aimé,
La chaleur le fondit, comme le caramel fond son vieux cœur endurci.

Que l'été dompte alors la passion de l'hiver !
Que le soleil embue les saisons brumales de ses flammes,
De lucioles dansantes et de vaillantes aîles
Tant que dure la cire !

Icare osa rêver que la lumière puisse luire à l'infini
—son père ne sut lui sauver la vie.

Le soleil découvrit son âme et brûla le pan de sa robe.

Rêveur candide, que l'amour ne fut ton opprobre !

BURNED

Icarus came to the sun and touched it
His hand fueling the mouth of the cauldron,
But as a God chastising his own son,
Heat melted like caramel the hardness of its heart.

May the summer inflame winter's frigid passion!
May the sun send its rays to blur brumal seasons
With dancing fireflies and two wings made of wax,
For as long as it may last!

Icarus had a dream that he could love the sun
—his father not able to spare his life

But the sun drank his soul and burned his skirt.

Icarus had a dream that love could be his lot.

MON RAYON DE SOLEIL

—Traduit de l'anglais

Comment faire durer la lumière du soleil ?
J'irais marcher plus loin encore que l'aube de l'hiver
Pour la voir lêcher le sel de l'ombre de la brune
sur ma peau.
Pour sentir son rayon
Filtré comme à travers les yeux d'un amant chéri.
Il serait bon de le laisser entrer,
Pour être au chaud et à l'abri.

Le chant d'un ange peut-il faiblir ?
Car une voix telle une aria murmura la couleur d'un monde d'ailleurs
S'élevant tel un grand opéra, qui, comme le cri d'une dernière bataille
Pousse la porte du paradis.
Et l'on se sait à l'abri.
Dans la beauté de ce théâtre réalité,
M'aura-t-on soulevée au-dessus des nuages en haut du firmament
afin qu'amoureuse
je retombe ?

Ce n'était point un conte de fées, et pourtant,
Sur le coup de minuit, le prince
et la princesse s'évanouirent, avec la flûte, puis la lyre.
Et la musique se tut, privée d'air,
Juste alors où je me voyais
à l'abri.

Ma foi est-elle faible, Seigneur ?
Les pages s'effacent ; ma plume, puisant dans l'encrier de la pluie,
Cherche à inscrire le souffle du temps sur de la pierre,
Inutilement.

Vois, mon cœur est sujet aux états d'âmes comme à la loi de la gravité.
J'avais jugé prudent d'aimer.
Mais le ciel a disparu et la terre a fondu
sous mes pieds.

MY SUNSHINE

Can one draw out the sunshine?
I would walk past the winter's grin
to watch it lick the salt of the dusk's outline,
As if on my skin.
Feel the light,
As through the filter of a lover's eyes, it would be wise
to let it in,
Open the shades, feel safe and sound.

Can the song of an angel fade?
For a voice as an aria hummed the vision of a world beyond,
Rising as grand operas rise, when after the last of battles
is uncovered a paradise,
And you know you are safe and sound.
Did such theatrical beauty
Sweep me off my feet, to drop me off from higher heights?

This was no fairy tale, but once struck
the midnight clock, the prince
and the princess vanished, as did the flute and the lyre.
Then the music choked, air bound.
Just as I felt safe and sound.

How faint is my faith, my Lord?
Pages of words erased, my pen draws ink
but from the rain,
To stamp the fleeting wind of time as one carves on a stone,
in vain.

And as my heart falls under gravity, so it goes on the wane.
I thought it was safe to love again,
But the sky disappeared, and the earth melted
my solid ground.

JE T'AI AIMÉ

Je t'ai aimé,
Le jour où le bon Dieu a esquissé ton nom
Dans la mélancolie du désert de ma vie
Et je t'ai rencontré.

Tu m'as serrée,
Comme on serre une perle dans le creux de sa main
Pour ne pas la mélanger,
Pour ne pas la perdre.

Je t'ai dessiné, rose et parme, comme le ciel
que personne ne voit.
Personne d'autre que moi.

Je t'ai aimé, sans drame et sans vacarme,
De mon cœur de femme
Aimé tout simplement.

Peut-être t'avais-je déjà aimé, il y a longtemps
Dans le passé, auparavant.
Peut-être t'ai-je déja rencontré dans les lignes d'un roman
de Sand ou de Stendhal.

J'y ai bu des mots plus forts qu'une Chartreuse
de Parme,
Et je t'ai aimé
Dans ces pages humides,
Buvards de mes larmes.

I LOVED YOU

—Translated from French

I loved you
the day when the Lord etched your name
in the desert of my existence,
And I met you.

You held me
as one holds a pearl in the palm of his hand,
To not jumble it,
To not lose it.

I drew you, pink and purple, like the sky
that no one sees
other than I.

I loved you, without drama or fight,
I loved you simply
with a woman's heart.

Perhaps I had already loved you a long time ago,
In the past, before?
Perhaps I already met you in the lines of a novel
by Sand or Stendhal?

There I drank words stronger than Chartreuse
of Parma,
And I loved you,
In those moistened pages
that blotted my tears.

TRAGÉDIE DE L'AMOUR

—*Traduit de l'anglais*

Avez-vous senti le temps s'écouler tel un magma qui vient figer votre cœur ?
Avez-vous supporté le poids de sa brûlure qui, glacée de fureur,
Grave son lit noir sur le téléscripteur qui chronomètre vos heures,
Changeant les secondes de bonheur en jours de désespoir ?

Avez-vous jamais ressenti le lent tremblement du sol faire son ascension
Jusqu'au sein de ces valves qui nourrissent vos poumons ?
Soulevant d'un élan les murs qu'il vous a fallu des années à construire ?
Ils ont craqué sous la pression, sous le charme du conte de fées ;
Vous, qui êtes tombés, dans le mal d'amour et sa passion.

Euripide pourtant a prévenu que ni Phèdre ne vit, ni Hippolyte n'aime
Ce risque que je n'avais pesé n'a su rendre l'âme que dans mon sang blême,
Ce sang qui froidement s'écoule dans mes veines,
Alors que le temps étire ses aiguilles bactériennes.
Que mon cœur essoufflé y trouve le répit,
Mais que toi, mon ami, tu ne sois point la cause de ma peine !

Dieu, sauve mon âme perdue de l'ombre des ténèbres,
Ce poids périclitant dans le vide de la terre !

Que ne donnerais-je pour revivre ne serait-ce qu'un moment de la vie ?
Le ventre de ma mère,
Le lit de mes prières,
Tes bras, doux sanctuaire.

LOVE'S TRAGEDY

Have you felt the magma of the earth slowly sear your heart?
Have you borne the weight of fire fuming its icy fury over the ticker
That clocks your time
Turning seconds into hours as hopelessness lingers?

Have you ever felt the ground tremble so that it shakes
The chambers that feed your lungs?
Slowly lifting the walls you tried to build
That cracked under the pressure,
As you fell under the magic spell of the fairy tale: love sickness and fever?

Euripides warned that neither Phaedra lives, nor Hippolytus loves
A risk I did not consider
Now leaves
My blood gasping for air,
While time prickles its cold needles in my veins.
To collapse would be my relief,
But that you may not be the cause of my grief!

Rescue, my Lord, my anguished soul from the hole of darkness,
This weight sinking in the spreading depth of hell!

What wouldn't I give just to relive one true moment of life?
The womb
My bed
Your arms.

QUAND LES CIEUX SOMBRENT

—*Traduit de l'anglais*

Il brûle dans mon âme un amour pur et brillant,
La beauté lumineuse du Christ que mes yeux ne peuvent oublier,
La promesse que la lumière éclairera demain.
Pourtant le fantôme de la peur multiplie ses ombres
Pour faire de mes pensées captives la proie du doute,
Pour transformer l'espoir de ma chanson en argile fragile.

Aussi, quand les cieux azurés si soudainement sombrent
Dans la froideur de l'air,
Le pinceau d'où dégoulinent leurs traînées, bave de gris et de vert
Et le souffle du vent navigue sur l'angoisse du désespoir.
Solitude, mon amie, solitude ennemie,
La peine du cœur pèse plus que le chagrin de la nature entière.

Seigneur, oh toi seul
qui peut souffler le feu à travers les nuages, dégaine ton épée !
Avec la vérité
Fais revivre l'espérance !
Oh Seigneur, ne me laisse pas ballottée me noyer dans les vents
infiniment grands ;
Tourne mon regard sur toi et ravive ma joie.

WHEN THE SKIES SUCCUMB

Burning within my soul is a love pure and bright,
Luminescence of Christ, my eyes are wont not to depart
From the promise of light shining on tomorrow.
Yet the phantom of fear multiplies its shadows
To hold my doubtful thoughts as its captive and prey
And turn my song of hope to brittle, fragile clay.

So, when cerulean skies so suddenly succumb
To coolness in the air
The brushstroke of darkness will drool its greys and greens
And the breath of the winds will sail unsteadily
On the angst of despair.
Solitude, my friend, loneliness, my foe
Heaviness of the heart weighs more than all of nature's sorrow.

Oh Lord, only you
Will blow through the dark clouds your fiery sword of truth
To keep my hope alive.
Oh Lord, that I be not tossed to and fro by the winds,
Draw my eyes onto you and my laughter, revive.

MES YEUX TRISTES

—Traduit de l'anglais

Ton chuchotis, mon ami, illumine le voile tamisé qui pèse sur les âmes à la tombée du soir ;
Ta voix a l'inflexion du temps.

Quand tu me prends dans tes bras, le bronze et l'argent sautillent sur la trace humide de tes lèvres sur ma peau,
Qui scintille et frissonne, ton souffle en attisant la fièvre.

Comme la neige en hiver prête son cœur glacé aux rayons du soleil,
Des reflets d'or cuivrés brillent et dévoilent la trace de nos premiers baisers.

Ainsi, des pétales d'or éclairent un monde de ténèbres ; tes mots, chéri, éclipsent la beauté,
Comme les chandelles
Brûlent l'obscurité de la nuit.

—Quelle ombre les a soufflées ?

Mes joues translucides
Scintillent, les gouttes coulent et s'y ruent comme dans une rivière,
destinées à se noyer
Guidées par la réverbération lumineuse
D'une lame.
Que le poids de l'épée qui sut écraser mon cœur
Tombe et étouffe mes larmes !

Puis, lorsque cette rivière sèchera la buée de mes yeux,
Les inconnus qui me dévisageront frémiront d'horreur devant leur regard vide.
Et si un jour quelqu'un voudra se rapprocher et prendre son temps,
Il découvrira peut-être ce battement inextinguible,

Mon point faible,
Ce sont tes pétales que les épines n'ont pas déchirés et qui scintillent à jamais
Dans la tristesse de mes yeux.

THE SADNESS IN MY EYES

When you whisper, light sparkles softly against the dim veil that weighs on souls at night,
Your voice, my sweet, bears the inflection of time

When you hold me, bronze and silver gleam on each wet mark left by your lips; my skin glistens and shivers, your breath fuels its fever

As snow in the winter suddenly meets the sun, and lends its frozen heart to the glitter of love,
Shiny glints of copper uncover the trace of our first kiss

Hence, petals of gold lighten a world of darkness; your words, Darling, outshine beauty,
As candlelight
Burns the pitch dark of night

—What kind of draft blew it out?

My cheeks
Glisten with translucence, drops dripping into a river, destined to drown
Guided by the bright gleam of
A blade.
May the weight of the sword that crushed my heart
Fall and choke my tears!

Then, when this river dries the blur in my eyes
Strangers who stare will quiver in horror at the sight of their empty glare
And if someone someday gets closer and takes the time, they may discover this unquenchable flutter,
A soft spot,
Those are your petals that the thorns haven't torn and forever flicker
In the sadness of my eyes.

ПРОГУЛКА ПО ЕЛИСЕЙСКИМ ПОЛЯМ

Le long des Champs-Élysées se dessinent des rives étoilées
Où les amoureux se pavanent épris de midi à minuit
Serrant contre leurs corps et âmes une langue, un bras, un sac Vuitton,
Reflets d'éclat lumière Rolex sous l'air signé Chanel chérie
Et l'humanité les envie

Dans l'avenue étoile des stars, les passants se font admirer
Dans la seine qui de son sein chaud reçoit l'aumône des cœurs brisés
Qui s'y sont jetés de sang froid ; et coulent les cliquetis cois
Vagues refrains vite oubliés, lieux où touristes las et blasés
Là se pavanent et y paradent

Tout doucement l'odeur de soufre s'infiltre dans les narines agacées
Qui s'émoustillent du peu d'émois du luxe d'un Paris aux enchères

L'enfer semble être ci-bas sur terre.

Où respirer ?

STROLL ON THE CHAMPS-ÉLYSÉES

—Translated from French

Along the Champs-Élysées, starry banks emerge
Where lovers flaunt their love from noon to midnight
Clutching against their bodies and souls a tongue, an arm, a Vuitton bag,
Reflection of Rolex brilliance in the air signed Chanel darling
And humanity envies them

In the star avenue of stars, passers-by admire themselves
In the Seine, which, in its warm bosom, received the alms of broken hearts
Thrown into the flood all at once, in cold blood. And now quietly clack in the flow,
Faint refrains quickly forgotten, as tourists, weary and jaded
Endlessly swank and parade

Slowly the smell of sulfur seeps into irritated nostrils
Thrillingly excited by the luxury of Paris at auction

Hell seems to be down on earth.

How do I breathe?

SAULE PLEUREUR

—*Traduit de l'anglais*

Saule pleureur, d'ombrage porteur, tu es resté le même.

Les temps changent, les lèvres se bécotent sous le cerisier ;
les bourgeons naissent, puis les odeurs, sous le lilas en fleurs

—comme au jour où il m'a embrassée.

La chaleur monte, les couleurs brillent, et soudain le soleil
brûle l'asphalte, craquant sa croûte de sel
qui pétille en éclats

—comme lorsqu'il m'a pris dans ses bras
sous le cornouiller.

Saule pleureur, profond dormeur, sous les nuages qui se forment ;
les saisons tournent, la tempête se lève,
les amants se quittent
vient la récolte

—les promesses faites
sous le pommier
tombent comme les feuilles
de l'érablier.

Mais toi, saule pleureur, vénusté langoureuse du lendemain,
Tu restes le même.
Prédestiné.

Mon saule
mon cœur
pleureur.

WEEPING WILLOW

Weeping willow, casting shadows, you have stayed the same.

Times a-changing, lips a-nibbling under the cherry tree
Seeds are forming, smells a-budding, under the lilac tree

—as on the day he kissed me.

Heat arising, colors blooming, and suddenly the sun
Scorches asphalt, salt crust crackles,
Poppin' peppy

—as when he held me
under the dogwood tree.

Weeping willow, sleeping hollow, below the clouds forming.
Seasons shifting, storms arising,
Lovers parting

—promises made
under the apple tree
come harvest time
drop like the leaves
of the maple tree.

But you, weeping willow, pulchritude of the wistful morrow,
You have remained the same,

doomed
weeping
willow
heart.

LAMENTATIONS

—*Traduit de l'anglais*

Seigneur, si je pouvais goûter ne serait-ce qu'une goutte d'eau
De la Vie,
La présence de Jésus comme lorsque ma coupe était remplie à moitié
Et remplie à demi !

Pourquoi et comment, Seigneur, les douceurs d'hier seraient-elles devenues chagrin ?
Si je t'avais donné raison de troubler ces eaux calmes en remous ballottés
Mais non, je suis restée impassible et pourtant voilà que je m'y vois submergée.
Que ta volonté, je te prie, ne soit pas cette pilule
Trop grosse à avaler.

Seigneur, je t'en supplie, sors-moi de ce calvaire et ramène le midi, le soleil,
La chaleur ainsi que la lumière,
Et le sourire de la prairie.
Ta main est un sceptre puissant, ta voix transforme la mort en rire
Fortifie-moi, Seigneur, que je puisse traverser
Ces grandes eaux turbulentes.

LAMENT

Oh God, if I could taste but a drop of water
Of Life
The touch of Jesus as when my cup was full over half
And a half over!

Why, Lord, and how, the wealth of yesterday should be turned into sorrow?
If I caused you to stir sweet waves into billows, rolling over
But I remained still, and still, I am drowning
Let your will, I beg, be not this pill
For it is too big to swallow.

Please, Lord, take this away, bring back the sun of the noonday, and the warmth and the light,
The smile of the meadow.
Your hand is a bolt of power, your voice turns death into laughter
Strengthen me, my Lord, so that I may walk over
These troubled waters.

LES POISSONS

Les poissons qui tournent en rond,
Comme des êtres lobotomisés
Des automates qui sans pensées,
Tournent, tournent comme des ballons

Nacrés d'ocre et de rouge bonbon,
Turquoise, orange, gris délavé
Glissent en brochette sous les rochers
Et gonflent comme des potirons

Ils existent mais ne vivent point
Ils n'ont de joie ni de raison
Derrière moi un joli sapin enguirlandé pour la belle saison
Reflète les lumières de Noël dans la vitrine de leur prison.
Sous la musique ils dansent sans fin
Et mon âme ressent leur chagrin.

THE FISH

—Translated from French

The fish that swim in circles,
Like lobotomized beings,
Automatons devoid of thought,
Spinning and spinning like balloons.

Pearled with ochre and candy red,
Turquoise, orange, faded gray,
They glide on skewers between the rocks,
And swell like pumpkins.

They exist but do not truly live,
No joy or reason do they conceive.
Behind me, a pretty pine garlanded for the festive season,
Reflects its Christmas lights in the window of their prison.
They spin to the music, they dance without end,
And my soul feels their sorrow.

L'ARME SUR LA TEMPE

—Traduit de l'anglais

Posez-moi l'arme sur la tempe, car je ne suis déjà morte
Auprès de ce monde et son temple fantôme.
Bloquez mes voies respiratoires, que l'air m'embaume.
Laissez-moi m'envoler loin du mal de mon cœur,
Car il fait trop froid dans ce monde solitaire.

Où est le chemin étroit qui mène au bonheur ?
Car j'étais l'une des rares personnes à l'avoir trouvé.
Il est apparu, tracé par la lumière des éclairs
Peut-être que la beauté de sa force m'a fait cligner des yeux
En un instant, tout disparut : en une seconde, en un an, dans l'instant d'une vie.

Maintenant, je ne peux reculer par les larges portes ornées de guirlandes
Qui enjolivent la ville à la veille de Noël
Et où les passants se précipitent en riant les yeux bandés
Pour acheter la folie que le monde veut offrir.

Chantez-moi l'histoire oubliée d'un Sauveur qui est né !
Je rêve qu'il vienne guérir mon aîle blessée
Car celui que j'aimais s'en est allé.

AT GUNPOINT

Point a gun to my head, for I've already died
To the world below and its shell enshrined.
Block my airways so I can breathe a sigh of relief
Let me fly away, that I may forget my heart frozen in grief!
It is too cold in this empty world.

Where is the narrow road that leads to happiness?
For I was of the few that had found it.
It showed a brilliant streak amid bolts of lightning
Perhaps the beauty of its force caused my eye to blink
In an instant it was gone: a still second, a year, a lifetime.

And now, I cannot step back through the wide garlanded gates
Adorning the city on the eve of Christmas
Where passers-by rush with blindfolded laughter
To buy the foolishness the world has to offer.

Sing me a forgotten tale of a Savior who was born!
I dream of him healing my wounded soul
For the one I loved is gone.

ACT 3

Unconditional Love

LE DÉNOUEMENT

—*Traduit de l'anglais*

Scène : Moscou, 1569. À l'entrée de la ville.

Personnages :
Le Flûtiste
La Poétesse
Le Malheur
Le Destin

Le Malheur
J'ai frappé à nouveau. Une guerre s'est déclarée dans le Nord-Est. Prévenu de ses proches de l'invasion imminente de leur région par une armée ennemie, le flûtiste doit repartir pour Novgorod.

Le flûtiste a arrangé un rendez-vous avec la poétesse, pour lui apprendre son départ, et pour la revoir. Mais voyez la Culpabilité l'attirer dans un labyrinthe de doutes.

Entre le Destin.

Le Destin
Ces complots sont en vain. Ce qu'il advient des affaires de ce monde dépend des hommes, et les hommes ont accès à la parole de Dieu. Ne pense pas les anéantir si facilement, car Dieu les protège à travers le sacrifice.

Le Malheur
J'ai placé le Flûtiste dans un dilemme cornélien : devra-t-il peser les sentiments qu'il ressent envers la poétesse contre les engagements qui le lient au pays de ses frères ? Il sera mendié et devra aller en guerre ! La poétesse se noiera dans son conte de fées.

Le Destin
La vie demande de faire la guerre. Mais pour ceux qui le cherchent, Dieu les garde et les éclaire.

DENOUEMENT

Scene: Moscow, 1569. At the entrance to the city.

Characters:
The Flutist
The Poetess
Misfortune
Fate

Misfortune
I have struck. A war has started in the Northeast. The Flutist has received word from his kinsmen of an imminent threat, as an enemy is invading the region.

The Flutist has arranged an encounter with the Poetess to let her know that he must leave for Novgorod and desiring to see her again. But see Guilt attempt to lure the Flutist into a labyrinth of doubts.

Enter Fate.

Fate
Your deceptions are in vain. Earthly matters are decided among humans. They have access to the word of God. Do not think that you can defeat them so easily, for God covers them with Sacrifice.

MISFORTUNE
I have set the Flutist in a Cornelian dilemma: shall he examine his attachment to the Poetess against the loyalty he feels towards his homeland he has vowed to defend? He will be summoned and go to war. And the Poetess will fall victim to her fairy tale.

FATE
Life is made of wars to wage. To those who seek, God will sustain and enlighten.

MA PRIÈRE

—*Traduit de l'anglais*

Tu m'en as fait don,
J'ai goûté l'haleine du lilas en fleurs
Et soufflé sur le sol mes baisers les plus doux pour le laisser pousser.
Puis la terre a séché.

Je le laisse aller,
Mais te prie, Seigneur, selon ton dessein,
De le ramener.

Dieu, ce qui était vie aujourd'hui est vain,
Dis-moi pourquoi l'amour s'en va.
Au fond de moi je crains
Ne pas le mériter.

Mes mains qui ont œuvré récoltent les méandres des larmes des rapides,
Ou déluge des cieux qui renversent vos dons immarcescibles ; plus précieux
que la ruée vers l'or des hommes épris de la même désillusion
que les pauvres femmes aux joues rouges pour qui ils fondent ce métal
en bijou.
Et pourtant, j'ai veillé au grain.

Pouvez-vous quintupler la Beauté
Et en promettre l'éternité ?

Au fond de moi je sais ne pas le mériter.
Aussi,
Jésus, merci.

MY PRAYER

You gave him to me,
I tasted the breath of blooming lilac
And blew on the soil my softest kisses to keep it alive.
But the earth has dried.

I will let him go,
But I am praying, if it be your will,
That you bring him back.

Lord, all that was growing has wilted and died,
Help me understand why love would leave.
Deep down I fear I don't believe
That I deserve anything good.

My hands that sowed seeds now harvest the tears of rapids,
Heaven itself flooding its imperishable gifts, pricier
than the gold rush of deluded men, brighter
than the shining stones that make poor women blush,
Though I tended to their growth.

Can You return beauty tenfold,
And promises to have and to hold?

Deep down I know I don't deserve it.
And thus,
Thank you, Jesus.

QUE M'IMPORTE ?

—Traduit de l'anglais

Que m'importe
Que le soleil frappe sa plus tendre lumière sur la courbe de tes joues ?
Qu'une récolte en argent récompense les labeurs où tu as mis ton cœur ?
Que l'angoisse de tes nuits soit apaisée par la rosée du matin, chéri,
Que tu ressentes la douce étreinte de mon corps frêle lorsque je te rejoins dans tes rêves ?

Que tu revives la joie de suivre un matin des cailloux posés sur une piste de lapin ?
Car ce jour-là ton âme découvrira que rien ne saura effacer la trace d'une poétesse
Que le ciel t'a donnée et puis dissimulée dans un livre imprimé et relu dans un livre.
M'importe-t-il que l'amour de Dieu couvre tes peines et tes douleurs quand tu ne te sens bien ?

Que m'importe
Que tu nourrisses ton ventre de la chair des fruits et du pain qui donne la vie ?
Que tu restaures ton âme d'art et de symphonies, que leurs merveilles te tiennent en haleine ?
Que tu composes ainsi la musique de ton cœur lorsque les mots te faillent ?
Et qu'avant tout, surtout, tu gardes, toi et les tiens, à l'abri du péril ?

Pourquoi m'importe-t-il tant
Que tu dormes dans la nuit qui voit couler mes larmes ?
Ai-je oublié de me chérir
Parce que je t'aime ?

WHAT DO I CARE?

What do I care
That the sun should strike its softest light on the curve of your cheek?
That a golden harvest should come within your grasp according to your heart's desire?
That the dread of your nights be soothed with the dew of morning, my darling
And that you will feel the quiet embrace of my frail body when you dream of me?

That you find joy in pebbles cast on the wayside leading you back along a rabbit trail
And your soul discovers that time will not erase the trace of a poetess,
A gift hidden in a book printed within a book and then read in a book;
And that God will soothe the pain and hurt when you are unwell?

What do I care
That you feed your stomach with the flesh of the fruit and the bread that gives life?
That you nourish your thoughts with art and symphonies and that wonders hold you?
That you compose in notes the love within your heart that mere words can't express?
And that all, above all, you feel within your soul that you and yours are safe, always?

Why do I care so much
That you sleep through the nights that watch over my tears?
Have I forgotten myself
Because I love you?

EN VOYAGE

Un foulard en soie, taché de mèches rebelles et détachées
se tourne et disparaît,
puis apparaît le bouc d'un menton alourdi,
des bourrelets rebroussés de touffes sel et poivre

l'odeur grasse d'une barquette de frites
où des doigts se caressent
se mélange au parfum d'une chevelure blanche laquée
puis sévapore

tels les traits de crayon qui m'entourent
—des reliefs que mes yeux vides sondent
à la porte d'embarquement 30F.

Cette masse d'êtres empilés, comme des bagages,
bientôt se retrouvera à nouveau
fragmentée dans des terres inconnues.

Je cherche ton regard si doux et familier . . .

TRAVELING

—Translated from French

A silken scarf, spoiled by shocks of hair
winks and disappears. Soon,
a goatee comes into view
—tufts of pepper and salt dragging down a saggy chin

the greasy smell of fries on a tray
where fingers caress each other
meets the scent of lacquered white hair then
fades away

like pencil sketches all around me
—traced by my vacant eyes
at boarding gate 30F.

This mass of beings stacked together like baggage
soon will find itself
scattered in unknown lands.

I dream of your eyes, so sweet and familiar . . .

QUAND JE TE REVOIS

—Traduit de l'anglais

Quand je revois
la lueur de tes yeux,
la couleur de l'Eden fend la boue des tranchées—cette même boue
    dont je me suis couverte pour panser la douleur
    et masquer ses infâmes cicatrices.
Une brume d'encens et de poussière me soulève du fossé.
L'euphorie s'installe
avec la peur—car je craignais, Seigneur,
    que le jardin d'où je fus chassée
    n'implore mon nom dans mes rêves.

Il a dû pleuvoir pendant quarante jours
ou quarante années, les larmes et les tanks
labourant le champ de guerre.
Maintes fois j'ai cru avoir traversé la frontière, mais l'espoir
s'est évanoui à chaque pas
—comme l'air a balayé les jours ou les années.

N'est-ce point toujours la même histoire, une balle qui en ciblait un autre
est venue me blesser ?
Peut-être ne saurai-je jamais échapper au danger
de mon cœur qui bat pour un autre
—ou est-ce que l'amour pourrait le ranimer ?
Pourtant,
ce cœur qui pompe le sang de mes veines me coupe le souffle.

Mais quand je revois
ton doux visage
près de moi,
ton sourire colorie mes lèvres de lilium.
Et je reviens à la vie.

WHEN I SEE YOUR FACE AGAIN

When I see your eyes again,
a gleam of Eden shines through the trenches—cracking the mud
I shoveled
        over my pain
        so it would leave no scar.
A mist of incense and dust draws me out of the grave.
It glints of euphoria
marred by fear
—for I was afraid the garden where I was cast out of,
my Lord, would still call me in my dreams.

It must have rained for forty days or forty years,
tears and tanks plowing through the battlefield.
I thought I must have crossed the border home, but every time
I got closer, hope vanished with every step,
sweeping each day—or year—like thin air fainting.

Isn't this a story of old: a bullet aimed for another becomes the stone I stumble over?
Perhaps I will never be safe, bearing a heart that beats for another
—or perhaps love would revive it?
And yet,
the same love that pumps my blood makes it hard to breathe.

But when I see your face again
coming back to me,
your smile turns my lips to the blush of lilium.
And I live again.

PROFESSION D'AMOUR

Rêvais-je dans mes songes que je serais à même d'être commémorée, aimée et absolue
—telle la reine de Saba ?
Revêtue de diadèmes, couverte de sagesse et ornée de galants
Parant mes lobes d'or, de bourdonnement d'argent, butinant l'ombre pâle de ma voix miel opale
Et pourtant
Je n'entends que toi,
L'abeille qui a bu de mon doigt
—et mélangé, voilà, sang, sueur et semence.

Et pourtant
Me voici murmurant "M'aimes-tu, mon amant ?"
—car je ne le sais pas.
Me voilà, si éprise de tes baisers-morsures, effleurer des diamants mots-poussières
Ai-je étourdi les sons de ton esprit sensé et de moi enivré ne sais-tu plus que faire ?
Je suis nue devant toi, mais seul Dieu me voit
—s'il répond aux prières.

Est-ce que tu m'aimes, dis-moi ?

Afin que le linceul qui couvre mon sommeil soit d'or et de velours
Laisse ces mots d'amour réchauffer mon hiver et adorner mon cou
—"и я тебя люблю"
Parle, caresse ma foi.

Alors je comprendrai pourquoi
Mon cœur affligé est un cœur qui aime ;
Ainsi, je comprendrai
Le Christ sur la croix.

A CONFESSION OF LOVE

—Translated from French

Did I dream in my dreams that I could be commemorated, loved, and absolved
—like the Queen of Sheba?
Clad in diadems, filled with wisdom, and bedecked with suitors
Adorning my lobes with gold, with buzzing silver, harvesting the shadow of my honey-opal voice
And yet
I hear only you,
The bee that sipped at my finger
—and mixed, there it is, blood, sweat and seed.

And yet
Here I am whispering "Do you love me, Darling?"
—for this I know not.
Here I am, enamored of your biting kisses, stroking dust-diamond words
Have I made you spin and, fuddled, you no longer know what to do with me?
Behold, I stand before you naked, but only God sees me
—if he answers prayers.

Tell me, do you love me?

So that the shroud that covers my sleep be gold and velvet
Let these words warm my wintertime and adorn my neck
—"и я тебя люблю."
Speak, awaken my faith,

So I may understand,
That my afflicted heart is a heart that loves.
Then I will understand,
  Christ on the cross.

MON RÊVE

—Traduit de l'anglais

Dans mes rêves je vois des gouttes danser sur la pierre de la chaussée,
Elles écrasent la nuit et son odeur d'asphalte.
Dans cette brume, je me tiens à ton bras.
Un lampadaire reflète la lumière de la pleine lune bleue
Et je bois chaque goutte qui pend de tes paroles.

Dans une vision je t'entends
Murmurer au vent la clé d'un journal intime.
Tes mots se dissimulent sous la couverture d'une boîte de thé vert,
Ils décrivent l'odeur de Chanel dans une grande avenue,
Ils retracent notre rencontre.
Je rêve de me réveiller dans ces pages avec toi.

Je rêve d'accueillir la lumière du jour sous des partitions de joie
Chaque note de musique composant un morceau de l'histoire d'une vie,
Celle d'un mendiant du temps qui construisit un château sur les contes de Perrault
Avec une flûte et un piano.
Aujourd'hui, il observe son reflet dans le miroir de la mer ;
Elle dessine un hameau lointain qui le ramène aux siens.

Je rêve d'entrer dans un dressing où se trouvent une robe, une cravate
Et une valise de rêves.

Je rêve que tu poseras sur la charnure de mes lèvres un dernier baiser
Au moment venu de me coucher.
Au nouveau matin, sous le lever du soleil,
Puisses-tu, mon prince, déposer la tendresse de ton regard sur les iris roses,
Celles qui, comme mon souvenir,
Ne fânent jamais.

Je rêve de te donner des rêves
Qui se fondent dans l'éternité.

I HAVE DREAMS

I have dreams of droplets dancing on cobblestones
Riveting night, darkness, and the smell of asphalt to smoke.
In the fog, I hold your arm
A streetlamp reflects the light of a blue moon
And I drink the droplets with each word that you speak.

I have a vision of you
Whispering to the wind the *clef* of an intimate journal
Words wrapped in a cover the color of green tea
Uncovered on a trail of Chanel on a grand avenue
It tells of how it led you to find me
I have dreams of you and I waking in a book.

I have a dream to greet daylight in sheets of music composed of joy
Each note arranging the years of a life story
Of a time-pauper who built a castle upon Perrault's tales
With a flute and a piano.
And now, he stares at his face in the mirror of the sea
Reflecting a home far away, as if it were near.

I have a dream to enter a walk-in closet with a dress and a tie
And a suitcase of dreams.

I have dreams that you will kiss the fullness of my lips
When I finally go to sleep
And in the morning when the sun arises,
May you, my prince, tenderly gaze at the light of rose irises

That never wither
And remember me.

I have dreams to give you
Dreams that outlive forever.

INACHEVÉ

—Traduit de l'anglais

Il est une faille fatale, un « je t'aime » tacite qui embue la vitre du pare-brise
Et que la pluie fait pleurer ;
Tu n'as pas dit au revoir

Le tonnerre de la nuit et la rosée des vagues qui noient et engloutissent les voiles solitaires
Portent ta voix

Et chacun de tes sons, chaque note, chaque ton brise la pierre solide comme le roc du trottoir affaissé,
Sous laquelle surgit une pousse d'herbe naissance mais sur laquelle mes pieds vacillent,
Chante en chœur cet écho fort et soudain aussi assourdissant que le creux du temps ;
Tu n'as pas dit au revoir

Et le son de ta voix hante mon tragus, forçant l'air à travers un œsophage bloqué
Je porte à présent ta voix dans chaque creux et chaque nœud de mon estomac vide.
Si maintenant tu ne vois pas l'éclat de ma lumière
Au matin, elle s'éteindra

Avec le son des battement du cœur des tambours, les bémols et les dièses, étouffés par le chant de la flûte qui flotte depuis ma gorge à mon oreille,

Là où le canal rencontre l'océan de l'âme,
Là où il est possible enfin d'entendre
Les vrais désirs du cœur

Tu n'as pas dit au revoir pour pouvoir me garder auprès de toi
Et venir me retrouver dans les moments secrets des nuits solitaires

UNFINISHED

There is a fatal flaw, an unspoken "je t'aime" that somehow fogs up the windshield glass
And the rain makes it cry,
You didn't say goodbye

And the thunder at night and the dew of billows where lonely windfall sails are engulfed and swallowed
Carry your voice

And every sound of you and every note and tone cracks the rock-solid stone of uneven pavement
Where a new bold blade springs but where my feet wobble
Singing as a choir an echo loud and swift, as deafening as time is hollow,
You didn't say goodbye

And the sound of your voice haunts against my tragus forcing the air inside a blocked esophagus
I now carry your voice in every creviced bump and every pit and knot of my empty stomach.
If you do not see now the brilliance of my light
In the morning it will die

With the heartbeat of drums beating flat and sharp keys striking the sound of flute fluttering from my throat
To my ear
—Where the canal meets the ocean of the soul,

Where it is finally possible to hear
The true longings of the heart.

You didn't say goodbye so you could keep me near
And meet me in the quiet of every lonesome night.

CE QU'IL NOUS RESTE

—*Traduit de l'anglais*

Peu importe
Que le banc de bois de chêne blanc repeint en argent,
sur cette parcelle de pâturin terni
que mon orteil caresse doucement,
Celui même où un jour tu as pris mon visage dans tes mains
aussi tremblantes que les planches qui soutenaient notre étreinte,
Se soit effondré.

Temps cruel qui usurpe à la vie ses instants.

Peu importe
Que des enfants laissèrent leurs fables et leurs agates
derrière les charnières rouillées d'une vieille porte d'église
où elles ont disparu et les enfants aussi.
Ils resteront à jamais dans nos mémoires.

Peu importe que rois et hommes aient fui
leur salle de bal avec ses chandeliers,
leurs pierres précieuses
et leurs pianos ;
Et que leur musique mourut avec leurs compositeurs.

Cruelles guerres des hommes qui emportent nos âmes.

Peu importe
que tout cela
ne soit plus.

Et nous, mon amour,
Peu importe
que nos doux moments aient disparu
avec le temps.

Nous les avons vécus.
Et la vie
sait survivre à la mort.

WHAT WE ARE LEFT WITH

It doesn't matter
That the bench of silver-painted white oak
on this very patch of tarnished bluegrass
which my toe gently strokes,
And where you held my face with your hands, shaking,
like the planks that supported our embrace,
Be gone.

Cruel fate of time taking moments away.

It doesn't matter
That children left their books and marbles
behind the rusty hinges of an old church door
where they disappeared and the children too.
They will forever be remembered.

It doesn't matter that kings and men fled
the ballroom chamber and their candelabra
with their precious stones
and their pianos,
That their music died and their composers too.

Cruel wars of men taking souls away.

It doesn't matter
It doesn't matter that all that is gone.

As for us, my love,
It doesn't matter
that our tender moments
disappeared with time.

Because we lived them.
And life has a way
of surviving death.

TOI ET MOI

Peut-être sommes nous faits l'un pour l'autre.
Quoiqu'il en soit, tu dis ne pas
pouvoir vivre pour toi
et moi.

Peut-être me regardes-tu toujours
avec amour
Quand tu lis les mots que tu reçois
de moi, et c'est pour cela
que tu m'appelles encore chérie.

Je suis ton Ophélie, celle que tu n'oublies pas.

Peut-être étais-tu celui qui était fait pour moi.

Repoussée dans ma coquille je cherche à
disparaître dans cet œuf
que je voudrais réintégrer, retrouver
celui qui m'a créée ; celui qui voulait de moi
en premier.

Peut-être pour tout recommencer.

Quand je verrai mon Dieu, je lui dirai que son dessein a failli.
Que mon mal se transforme en foi !
S'il nous a faits l'un pour l'autre, croire

qu'il était une raison comme il était une fois toi et moi.

Tu es mon bel-ami, celui que je n'oublie pas.

YOU AND ME

—Translated from French

Maybe we were made for each other.
Be it so, you cannot
live for you
and me.

Maybe you still look upon me
with love
when you read the notes that you receive
from me, and that is why
you still call me Darling.

I am your Ophelia, the one you cannot forget.

Maybe you were the one who was made for me.

Back into my shell, I crumple up and disappear,
wishing to reenter this egg, find
the one who created me, the one who wanted me
first.

Perhaps to start all over.

When I talk to my God, I will tell Him that His plan has failed.
May He turn my pain into faith!
If He made us for each other, believe
that there was a reason,

as there was once upon a time
you and me.

You are *mon bel-ami,* the one I cannot forget.

L'AMOUR INCONDITIONNEL

—Traduit de l'anglais

N'avons-nous pas tous en notre sein un espoir refoulé,
Celui d'être aimé de tout cœur, quels que soient nos péchés et nos erreurs ?
À travers toutes les tempêtes et les défauts détestables qu'abhorre le miroir du soi ?
Y a-t-il un insensé qui ose tester le destin
Et rendre l'amour à la haine de soi ?

Mon prince, cette terre qui meut ne peut qu'éventrer
La forteresse autour de nos cœurs.
L'espoir peut-il briser le moule
De la main du Soudeur qui forge notre chemin,
Et reconstruire les rêves d'enfants, chaque an perdu à grandir
Loin de leurs désirs ?

Bénies soient les larmes qui m'aveuglent !
Elles couvrent
Toute la laideur du temps.

Peut-être que le nôtre est passé,
Mais dans sa sagesse infinie, Dieu, ne voulant créer l'homme seul
Fit de nous des mendiants de l'amour à son solde.

Si tu m'oublies, je me souviendrai de toi.
Et si je disparais, tu chercheras ma voix
Et tu prieras pour moi, comme je prierai pour toi.

Là, nous comprendrons qu'il nous guérit ensemble
De près ou de loin.

Là, nous comprendrons
Son amour inconditionnel.

UNCONDITIONAL LOVE

Don't we all have hidden in our hearts a shamefully repressed hope
To be loved full-heartedly no matter our sins and errors,
Through all tempests and detestable flaws that the mirror of the self abhors?
Is there a fool so bold to test fate
And render love to self-hate?

My prince, the earth that quakes will endlessly break
The fortress around the hearts.
Perhaps hope can melt
The mold of the welder forging our destiny,
And build back children's dreams, each year lost growing up
Away from their first desires.

But how precious the tears that blind!
They cover
The hideous face of time.

Perhaps ours is lost
But God
In his infinite wisdom—not wanting man alone
Made us beggars for love, unconditionally.

If you forget me, I will remember you.
And as I fade away, you will long for my voice
And you will pray for me, as I will pray for you.

And then we'll understand He heals us together
Even as we're apart.

And then we'll understand
Unconditional love.

UN JOUR, PEUT-ÊTRE

Un jour peut être les vents du nord
soufflant les bateaux à leurs ports
me chanteront ta chanson.
Hélée par une joie qui saboule,
je chercherai parmi la foule
l'ombre de mon compagnon.

Le cœur battant je croirais voir
celui qui reste en ma mémoire
—bien loin de mon vallon.
Toi même tu lèveras les yeux
ayant entendu dans les cieux
le parfum de mon nom.

SOMEDAY, PERHAPS

—Translated from French

Someday a gust blowing over
ushering ships back to harbor
will sing your gentle song.
Hailed by a dizzying bliss
I will search for the one I miss
among the endless throng.

Heart aflame, I will glimpse a gleam
of he who lingers in my dream
—though far from my doorframe.
In turn, you will lift up your eyes
as if hearing hummed in the skies
the fragrance of my name.

Epilogue

L'AMOUR EST UN CONTE DE FÉES

—Traduit de l'anglais

J'ai fait un rêve magique où je m'envolais, soulevée par un vent de Bourane, et je descendais en tourbillonnant dans un pays étranger.
Comme Alice, j'ai atterri dans un pays de merveilles, rebondissant de toiles d'araignées en labyrinthes dans des récits étonnants
Pour enfin retomber et tomber en spirales jusqu'à ce que je puisse me dire
« Jeune fille, tu t'es laissé prendre dans un conte de fées. »

Dans ce rêve, je me réveillai dans une arche russe avant l'époque de Noé
—quand le monde était encore plaisant aux yeux de Dieu.
Dans le rêve, je me réveillai aux côtés d'un prince en armure de chevalier, aimé à Kiev et à Novgorod
Sa force était de prier le Roi de la Paix en levant les deux bras tout en me serrant fort
—J'ignorais qu'on puisse me chérir, car les guerres avaient laissé leurs cicatrices
Autour de moi de multiples armures pliaient les métaux écrasés, le fer coupant en rondelles des plaques d'argent, jusqu'à ce que
L'amour transforme le métal en bague
Enfin, Moscou se remettrait des coups de couteau et des incendies, la grande ville retrouva sa beauté ; l'art—ou l'amour—me séduit
—à moins que ce tout cela ne soit que du théâtre.

Si tu m'aimes, cher lecteur, ne me réveille pas encore
Car le rêve n'est pas terminé.

Je me serrai dans des turbines de charbon de bois, leurs éclats scintillants dessinaient comme des serpentines de pierres précieuses, mais leur beauté était aussi éphémère que j'étais seule.

J'attendais, désespérée, le retour de la pureté lorsqu'une toile blanche a tournoyé dans les airs et son vide a emporté ma crasse
—le Roi apparut sur un trône avec un cœur en or et une couronne d'épines
—puis le prince m'a appelée à ses côtés.

À ce moment-là, j'ai vu des pastels colorer le pont qui enjambe la rivière Moskova
—celui qui nous conduit à nous aimer pour toujours.

Peut-être que rien de tout cela n'est vrai ou peut-être qu'il est plus facile de me rendormir
En attendant le réveil de mon prince charmant.
Mais quand je me réveillerai, je devrai te dire, mon amour

Que j'ai fait le rêve le plus merveilleux,
Je t'ai rencontré.

LOVE IS A FAIRY TALE

I've had the most magical dream that I was flying, lifted by a Buran wind, and whirled into a foreign land,
Landing as Alice in a wonderland bouncing from cobwebs to mazes and webs of amazing tales
To finally fall and fall in spirals until I could tell:
Maiden you've been caught in a fairy-tale.

In the dream I awoke in a Russian ark before Noah's time when the world
Was still
Pleasing to God.
In the dream I woke alongside a prince in a knight's armor, beloved in Kiev and in Novgorod
Whose strength was to pray to the King of Peace, lifting both his arms while holding me tight
—I knew not before that I was cared for, for I was so scarred by wars
Multiple armors and clashing metals crushing iron and plates into rounds of silver, until
Love turns metal into a ring
And at that moment Moscow recovers from jabs and fires and the great city restores its beauty
And art—or love—wins me over
—unless it is all theater.

If you care, dear reader, don't wake me up yet
For the dream isn't over.

I coiled into turbines of charcoal, their glitter shimmering as precious stones, but their beauty was as ephemeral as I was alone.
Hopelessly I waited for beauty to return when a bare canvas flew into the air and its emptiness washed my dirt away
—the King appeared on a throne with a heart of gold and a crown of thorns
—and the prince called me to his side.
And at that moment I saw pastels color the bridge that crosses over the Moskva River
Leading us to love ever after.

Perhaps none of it was true or perhaps it is easier to go back to sleep
Awaiting the waking of my charming prince.
But when I wake up, I must tell you

I've had the most wonderful dream, my love:
I met you.

Bibliography

Bach, Johann Sebastian. *Orchestral Suite No. 2 in B minor,* BWV 1067, ca. 1738. ("7. Badinerie").

Meissonier, Jean-Louis-Ernest. *Joueur de flûte.* 1858. Oil on panel, 34 × 22 cm. Château de Compiègne, France.

Musset, Alfred de. *On ne badine pas avec l'amour, comédie en trois actes.* Paris: A. L. Dupré, 1834.

www.ingramcontent.com/pod-product-compliance
Lightning Source LLC
LaVergne TN
LVHW051129080426
835510LV00018B/2316